MW00981046

Lire et découvrir

L'hiver

Melvin et Gilda Berger

Texte français d'Alexandra Martin-Roche

Éditions
SCHOLASTIC

Photographies : Couverture : Dwight Kuhn; p. 1 : Scott Nielsen/Bruce Coleman Inc.;
p. 3 : David Cavagnaro/Peter Arnold Assoc.; p. 4 : A. Riedmiller/Das Fotoarchiv/Peter Arnold, Inc.;
p. 5 : Joan Slatkin/Bruce Coleman Inc.; p. 6 : Ken Graham/Bruce Coleman Inc.;
p. 7 : John Shaw/Bruce Coleman Inc.; p. 8 : Scott Nielsen/Bruce Coleman Inc.;
p. 9 : Harry Sieplinga/HMS Images/The Image Bank/Getty Images;
p. 10 : David Madison/Bruce Coleman Inc.; p. 11 : Wayne Lankinen/Bruce Coleman Inc.;
p. 12 : David Madison/Bruce Coleman Inc.; p.13 : Wolfgang Maria Weber/argus/Peter Arnold, Inc.;
p. 14 : Yellow Dog Productions/The Image Bank/Getty Images;
p. 15 : Mitch Wojnarowicz/The Image Works; p. 16 : David Cavagnaro/Peter Arnold, Inc.

Recherche de photos : Sarah Longacre

Catalogage avant publication de Bibliothèque et Archives Canada

Berger, Melvin

L'hiver / Melvin et Gilda Berger; texte français d'Alexandra Martin-Roche.

(Lire et découvrir)
Traduction de: Winter.
Pour les 4-6 ans.
ISBN 978-0-545-99180-3

1. Hiver--Ouvrages pour la jeunesse. I. Berger, Gilda
II. Martin-Roche, Alexandra III. Titre. IV. Collection.
QB637.8.B4714 2008   j508.2   C2008-902262-9

5 4 3 2 1   Imprimé au Canada   08 09 10 11 12

C'est l'hiver.

Il fait froid.

La neige tombe.

Les journées sont courtes.

Les nuits sont longues.

Les arbres arrêtent de grandir.

Les plantes arrêtent de pousser.

Certains oiseaux s'envolent vers des endroits plus chauds.

Certains animaux dorment
pendant des mois.

Info-hiver
Les skis et les traîneaux glissent très bien sur la neige.

Les enfants font du traîneau.

Les enfants font du ski.

Les enfants font du patin à glace.

Les enfants sautent et glissent.

L'hiver est une saison géniale!